The Poetry of New Paradigms
Поэзия новых парадигм

The first collection
Первая коллекция

Aizhan Muhamedzhanova
Айжан Мухамеджанова

AuthorHouse™ UK
1663 Liberty Drive
Bloomington, IN 47403 USA
www.authorhouse.co.uk
UK TFN: 0800 0148641 (Toll Free inside the UK)
UK Local: 02036 956322 (+44 20 3695 6322 from outside the UK)

Because of the dynamic nature of the Internet, any web addresses or links contained in this book may have changed since publication and may no longer be valid. The views expressed in this work are solely those of the author and do not necessarily reflect the views of the publisher, and the publisher hereby disclaims any responsibility for them.

Any people depicted in stock imagery provided by Getty Images are models, and such images are being used for illustrative purposes only. Certain stock imagery © Getty Images.

This book is printed on acid-free paper.

Illustrations by the artist Marina Konstantinova.
В сборник вошли иллюстрации художницы Марины Константиновой.

ISBN: 978-1-6655-9649-7 (sc)
ISBN: 978-1-6655-9650-3 (e)

Print information available on the last page.

Published by AuthorHouse 04/06/2022

Acknowledgements

All illustrations created by an amazing artist Marina Konstantinova. /
В сборник вошли иллюстрации замечательной художницы Марины Константиновой.

My talented friend Philippa Dickin has been an inspiring participant of this book project. /
Моя талантливая подруга Филиппа Дикин является вдохновляющим участником этого книжного проекта.

*The effective way of living is to write, while inspiring others. This book
includes poems of life-affirming and altruistic nature. /*

Быть эффективным — это значит жить и писать, вдохновляя других. Данный сборник
включил в себя произведения альтруистического и жизнеутверждающего характера.

*Do not think of all the misery, but of the power of inspiration,
enabling to take you through the hardship! /*

Не сожалейте не о чём, Друзья; но думайте о силе
вдохновения, способной вести сквозь невзгоды!

*Poetic rhyme is one of the ways to increase the vibration levels when reading
the lines of the rhythm recitation. Read out my rhyme recitative! /*

Стихотворная рифма — это один из способов повышения уровня
вибраций при чтении строк ритма речитатива.
Декламируй в ритме моих строк!

Table of Contents

Содержание

Rhyme of the Day: Optimistic

In the graphics of life there are crossroads to stride;
In the graphics of life not everything's right.
But wind will be feeding the impulse of light,
And happiness wakes up the ways of the mind.

All boats will be lifted,
Old chains be set free!
We'll not fall asleep
With our sunshiny glee!

translated 12 August 2021

Rhyme of the Day: Awakening

The acoustical bases are certainly key—
Those take off the bonds from the crossways within;
They pass throughout distance the brightness of Love.
Stay awake and aware, move along and above!

translated 25 July 2021

Rhyme of the Day: Liberating

Exist without clinging to forms of
Phenomenon,
Heritage,
Destiny.
Be there—just chance on.
Flow like the stream of a river,
And then go on
To the progression of liberty,
Days bygone.

translated May 2021

Celebration

"-What celebration means to you?" you say.

-Triumphant glory moving on its way!

Perhaps it's only fireworks of fire

Or fantasies' manifestation and desire.

What does a celebration mean to you?

Perhaps it means there is not any futile day

And that the crossroads of your life were never passed in vain.

At times the sound of a vibrant muse is reaching us,

Delight of joy is rising high towards the starry and blue sky.

So, whilst returning back, the light of cosmic day irradiates this world.

Oh, celebration!

The aspirations of the heart are turning in the circles of rotation

With brightness of the hope and inspiration,

In the continuance of movement in the spiral

For planet Earth outpace ahead of time!

translated 1 June 2019

Throughout the Sky

Throughout the sky – renunciation,
Through stars we'll chant towards perfection.
Through happiness - the way to freedom,
Across the time is a surge of waves.
By recollection is an encounter face to face,
By way of flame are candles lit aglow in grace!

translated in March 2021

Throughout Reality of Heaven

Whilst walking,
Touching the line of sky,
I saw the town with a clear eye.
The birds were starting off to fly
For furthermost and ever.

White clouds were passing nearby;
Over the distance shining high,
I watched my friends
As if throughout reality of Heaven.

Whatever there was will stay;
Whatever there be will be!
We're overwhelmed with blessings—
Loved forever!

translated 12 August 2021

Spinning Dance Glory

These tulips are pretty.

They're growing from diddy

For a new and better story

And first-romance folly—

For holiday movement

And spinning dance glory!

translated March 2021

Scent of Chance

I shall take flowers from an expanse
To scent the freshness of a chance.
Through night of tenderest romance
Ruin of change will always pass.

There is a reason for my song
In movement of old days bygone.

I am writing for sweet poetry's attraction.

In irreverse of timely stream,
Fingers did not know creak of nib.

Would godly trilogy not dim
As signs of awakening redeem!

While awaiting
Cooling line of sky,
I'll start new day by new retry!

translated 15 August 2021

Note: the neologism irreverse is a noun.

To Step into The Colour of the Rainbow

My verse is Sun -
My verse is Earth.
It flows through heart-
It flows through mirth.

Through streams of Love it stirs and floats.
Gets silent only for brief moments,
As if the Phoenix of new dawn
Reviving from its ashes - born.
No, I can not without a song
As Love and Glory never gone
For me to step into the colour of the rainbow
And yet again become reborn!

Translated in March 2021

Note:
Sun as a margin of sense.
Wind as expression of awareness.
Rainbow – a symbol of joyous phenomenon of nature, followed
by the phenomenon of purifying rain; a fine trail towards the Sun.
Each colour communicates outward its own vibrating wave.
Colour as a kind of further energy and resource.
Elements of earth - Earthly knowledge

A Goddess of the Sunlit Planets

As if the daytime digitizes electricity
The sound was playing its continuisity
And lights of distant stars were beaming
Through planetary fields of latter,
A transcendental Goddess of the Sun
Stepped in the circles of her Universe.

Throughout the linearity of times
A module of her programmes' vector
Was distributing Logoses in the aura of reflector,
The world of recent holograms
And segments' circulation -
Reviving epic flight of metaphysic concepts
And perception...

Whereas the rivers, streaming white
Flowed from celestial spheres,
Her heart immersed in oceans of redemption
And at those moments, when soul was silent
Acquired glow and universe acquired,
Remaining tranquil, quiet
To lack of sense and value -
Undesired…

translated 9 October 2021

Note: the neologism continuisity is a noun.

Initial Impulse

There is attraction, sadness in these times
As if parabola expands signification.

In a human crowd of running speeds impatience.
I see reflection in the twinkle of the mirrors,
Though generously giving cheating days.

Now suddenly I am in the world of doubles,
Ideas, both unknown and inhumane.
Initial impulse - that is all what I believe in,
Initial impulse - that revives my love again.

translated January 2021

Bright Horizon

*

Glistening of blue-expanse horizon
Will not bring sorrow to your soul,
But will foreshadow new-life dawn,
Where the old days must have gone.

*

Crystals of snowflakes on your cheeks
Will wake you up and bring you peace,
And instability will go,
If you are loosing inner peace.

*

There will be movement of new ways
In versatility of grace;
Towards the light will turn the gaze—
Your combat never conquered!

translated 5 June 2019

That Happens

Yes, that happens to bring us sorrow,
To live deceived until tomorrow,
Caught in the desert - human race,
Where the heart turns stony-grey.
Don't mind the judgement,
Condemnation,
Fed up with long storms of deception.
Not trusting the remorseful looks,
We strive to see ahead of glooms,
Walk through the intersecting paths—
The new rain's coming our way!
Do not let this going away
Into evasive shadows
By treading lower paths,
But wake up in the early morning
Towards the cross of life
New dawning.
Step forward to the bright of day,
The radiance of a new today!

translated 30 May 2019

Plea to a Friend

My Friend!
Oh, how you dream of being able to get away from the disorder of
prosaic day
And the disharmony of human freedoms of divergence!
So, might you step into the crystal of the forthcoming plot of being.

While entering the El Dorado of unknown,
You'd like to step to geometric spaces of the measure,
Where the sun reacts in the breathtaking blue of heaven
Upon the call of pace of transformation,
And rapid rhythm of heartbeat in the burning chest
Will open you the way towards your new domain.

Perhaps, thereafter
In irreversible extreme from all the vainly goals,
Your supernova star
Will light again
Its ever-burning glow!

translated 31 May 2019

Note:

Through the crystal of consciousness a human being conveys his
spiritual and intellectual potential via the system of his human form
upon the system of the form of his near; therefore, projecting the
effect of beneficial influence.

"To step into the crystal of the forthcoming plot of being" - to
purify the crystal of consciousness.

Aspiration

Oh, how I dream of being able to get away from the disorder of prosaic day
And the disharmony of human freedoms of divergence!
So might I step into the crystal of forthcoming plot in this existence.

While entering the El Dorado of unknown,
I'd like to step to geometric spaces of the measure,
Where the sun reacts in the breathtaking blue of heaven
Upon the call of pace of transformation,
And alpha rhythm of heartbeat in the burning chest
Will open me the way towards my new domain.

So, only then
In irreversible extreme from all the vain goals,
My supernova star
Will light again
Its ever brightest glow!

translated 30 May 2019

Time

Time, Time!
That's what pulsating constant in our veins.
It's the time of one-off solutions and the super race.
We've realized in the transcendent movement of bodies
And movement of souls
Where we were before
And what might be our fate.

No, this time now is not waiting for us.
Freedom-like-horses are streaming ahead of us.
It's like a snow blizzard which takes you away in its cycle
Of all human fortunes and daring hopes to be vital.

"Time, my command is to hold on a little, not pass.
Would you please listen to this poet's line for us?
Stay, and do not be as ever so rapid and fast!
No need to speed up your recklessly moving pace,
Compressing the love we people so fully embrace!"

translated 30 May 2019

Human of Consciousness

One force wore down relentlessly his core,
But the heart was merciful and brave,
Forever calling!

He pulled together
Traits of fate and oddness forming,
And moved along his path
By pace of measure and advance.

From birth was given one supreme endeavour:
To walk the way of consciousness in Christ,
Distinctly grinding edges of his diamond soul
And wise;

So, in fatalities of moments,
When tired shadows caught his face,
He saw the depth of fall,
Spiritual vigil -
No matter what and after all
He walked with brightness most of all,
Throughout the spheres of temptation,
Just straight,
At one
And all!

translated 25 July 2021

Note:
Initial title of the verse is "Human of Sunlight"

System of Love

Perhaps there are all kinds of codes,
But not the codes of love and warmth.
This module has its own conception,
And her device does not provide for self-deception.

The mystery of her divine is unattainable for humans.
She is the one beyond the line,
Alive by magic of her energy and shine.

Love, bearing high resources, leads us so quietly
To the infinity of hidden worlds and that potentiality
Together with eternity—It is forever living.

Impossible to read through programmes of perfection,—
She is above control and over the linearity of times,
Which is the essence of the bliss and paradise!

translated 29 May 2019

Your Love for Mine

What I would say: "Your love for mine."

As if the colour of the living green has bright and sheen,
The beauty of the growing daisies shading white,
The golden rays of sun are falling from the sky
About the sound of moving birch-tree branches.

What I would say: "Your love for mine."

In the illusive fields of line,
The noise of steppes so fascinated and divine,
By consonance of meanings of the azure heaven,

As if it gives its radiance of rays
To the vibrations of the new upcoming days …

What I would say: "Your love for mine."

As if a clear atmosphere in the believing hope
Chose tenderness for colour of its own,
And sun which poured upon the earth
The joy of light—
Infinity of never-ending warmth.

translated 29 May 2019

Five Paintings

There are five paintings on the wall:
One's been apprising me of *You and Love of All*
By a pack of swans that fly the soaring line of sky;

The next portrays the *Faith of Light*
By glowing beam of heaven's song;

A picture three is a masterpiece of *Hope and Dream*
With merging lines of earth and sky;

And on the fourth a *Plot of Struggle* catches eye
The flame that tempered steel of poet had described;

The fifth displays a *Tree of Life*,
With branches seeking after
The beam of joyful sunny light.

The content of bright colours in that place
Has always filled the faceless space
Together with the void of grey
And ever leisured rhyme of poet.

translated 29 May 2019

23

The Rose

So much alluring in its sorrow and content,
It's blooming in perfume to unattainable extent.
The lusciousness of petals thin and slender bent
Entwines her stature gently.

Its guise is flawless—
Not being able to disguise
That love is ever hopeless.

She summons by aroma of the heavens' sweetness
And spellbinds with her splendour;
Enchants the eye,
Inhaling humbly, the moments of fragility and shine,
Reproof of beauty so unrepeatable and charmed.

It's calling us in a captivating way,
Imagining the country of silently blue mountains,
The flowering of fairy tale in space
And playful dance of petals by her grace.

translated 1 June 2019

Marine Motives

Oh sea, blue sea,
We sing our songs about you!
Oh sea, blue sea,
Astern we live beside you.
Unforeseen surprises:
Wonderful puffed munchkins,
Dolphins and medusas
Swimming deep inside you.

Oh sea,
Your sight is boundless!
Twinklings, calmly harmless
In the freshness of the days,
Are reflected joyful rays.

Here glimpses are shining,
And the sun is smiling.
On the seacoast,
Peaceful boats
Float swiftly to the utmost!

Though you are so distant,
Not to be resistant,
Take my rhymes of love with you,
By these lines which are so new.

translated 10 June 2019

Rain

I am not so sure why

Noise of beads from cloudy sky

Knocking on my window.

Melody of droplets' sound

Opening the door of heart:

All the memories of life

I can easily rewind,

Washing the horizons

Of my blues and sadness.

Files of happiness to keep,

As opposed to files of grief

Those to throw away unnoticed—

That's what I believe.

So then I can walk my way

With the brightness of the day!

translated 8 June 2019

Snowflakes

Oh, frosty drifting snow of winter!
Thanksgiving prayers are passing on.
White snowflakes
Which were streaming after me,
So crispy fresh
And whiter than white snow.
Fell for brisk moments
Upon my steep shoreline of sorrow,
As if they wished to keep the silence.
At times when met
And unified with the cold blue hush,
Whilst spun and swirled
In crisp and stormy winter dance'
So ever bitter February month.

translated 5 June 2019

My Casual Journey Verse

I materialize reality;
Reality materializes me.
The machine is full of fragility
And starting a day to be.

As pillars are rising,
The white days are passing
And moving parade by parade.

No need for the unworthy
Or any debate,
But one and the only unstoppable fate:
For secular worlds
To get known and relate.

July 2021

Poetess

You are a Poetess;
Don't linger and remain.
Perhaps you know the way of dance-like falling rain:
It pours whilst cleansing dainty dreams of heaven
As circled sprays are crushing over ground,
And in the unison of hope and beauty,
Memories bygone,
Those drops from clouds are knocking gently
In the clear sound of specks' *ding-dong*.
In virtuality of passions
Is carried out events' bright ringing;
That rain, which is knocking tuneless to the beat of restless heart,
Which is for years conducting sensual gesture
And is rushing to determine desire of a burning heart
Of a Woman by the name of Poet!

translated 1 June 2019

Стих дня — Оптимистический

В графиках жизни есть перекрёстки,
В графиках жизни не всё очень просто.
Но ветер наполнит порывы желания,
А счастье пробудит пути осознания.

Волны поднимут свои корабли,
Сети отпустят души миражи.
Мы не уснём,
Никогда не уснём!
Солнце осветит сияньем наш Дом!

Июнь 2021

Рифма дня — Пробуждающая

Звуковые основы непременно важны -
Те снимают оковы с перекрёстков души,
Проводя в расстояниях световую Любовь -
Пробудиться, очнуться и двигаться вновь!

Июль 2021

Рифма дня - Освобождающая

Быть, не цепляясь за формы явления,
Формы наследия, признания и предназначения.
Плыть как безудержных вод течение
До полной прогрессии освобождения.

Май 2021

Праздник

- Что значит Праздник для Тебя, - скажи?
- Триумф победоносный на пути!
Быть может это просто яркий фейерверк огня
Или фантазий дерзновенных воплощение..
- Что значит Праздник для Тебя?
- Возможно, это значит,
Что не бывает в жизни тщетно прожитого дня
И, что пути-дороги пройдены не зря.
В тот час, когда звучание сладостное муз наш наполняет слух,
То радость ввысь паря звёздного неба достигает;
И, возвратившись вновь,
Светом космического дня мир озаряет.
Ах, этот Праздник!
Чаянья людских сердец вращая на круги своя,
Надеждой светлой окрыляет,
Чтобы в своём движении спирали непрестанном
Опережала этот век Земля!

24 Января 2019

Сквозь Небо

Сквозь небо придёт отрешение,

Сквозь звёзды воспето влечение,

Сквозь счастье - к дороге свободы,

Сквозь время нахлынутся волны.

Сквозь память приблизится встреча,

Сквозь пламя зардеются свечи..

Март 2021

За реалью рисуя реаль

Опираясь главою в Небо,
Мне увиделся город чист;
От груди отлетали птицы
И крылами касались ниц.

Облака проплывали небом,
Надо мною светлела даль.
Я Друзей наблюдала лица,
За реалью рисуя реаль.

Всё, что было останется в прошлом.
Всё, что будет нахлынется вновь.
От избыточных благославений
Протекает в полях Любовь!

Июнь 2021

Примечание: Любовь - Люди Бога Ведают

Кружение цвета-танца

Красивые тюльпаны -
Два памятных букета.
Они произрастают для нового сюжета,
Для первой новизны весеннего романса,
Движения праздничного дня,
Кружения цвета-танца!

Март 2021

Запах свежести всех перемен

Я возьму из пространства цветы -

Запах свежести всех перемен,

И станет ночь божественно нежна -

В ней не найдётся пагубы измен.

Зачем-то мне нужна одна струна -

Движение дней,

Поэзии влечение.

Не знали пальцы скрип черчения пера -

Необратимо времени течение.

Божественной Трилогией исполнится игра

Как знаки молодого пробуждения;

Я ожиданием охлаждаю Небеса

И наполняю день звучанием значения..

25 Декабря 2019

Стих-иносказание "В радугу цвета войти"

Стих - единение ветра,
Солнца
И элементов Земли.
Проистекает,
Льётся
И оживляет потоки Любви.

Он замолкает в сердце
Лишь на короткие,
Будние дни;
Но возраждает из пепла
Феникса новой
И алой зари.

Нет, не могу без песни
Как не могу без сияния Любви,
Чтобы с стихами вместе
В радугу цвета всецело войти!

Июнь 2020

Примечание:
Солнце как поле разума.
Ветер - сознание.
Радуга - символ радостного явления природы, следующего за
явлением очищающего дождя; тонкая дорога к Солнцу.
Каждый цвет транслирует вовне свою вибрационную волну.
Цвет как дополнительная энергия и ресурс.
Элементы Земли - земные знания/опыт земной жизни.

Стих-аллегория «Богиня солнечных планет»

Как на дневных разрядах электричества
Звучал неумолкаемо сонет континуальный,
Так свет далёких звёзд интерферировал
Сквозь планетарные поля широт реальных
Богини солнечных планет трансцендентальной,
Которая ступала по кругам её вселенной
Через линейность плоскостных времён
На модуль векторных программ преображения;
Перераспределяя логосы в эфире отражения,
Пульсировал призывно солитон
В мире последних голограмм - сигментов обращения,
Перерождала свой эпический полёт
Метафизических значений;
Тогда как реки белые Любви проистекали
С поднебесной,
То сердце утопало в океанах искупления;
А в те мгновения, когда умолчены события души,
Приобретала зарево и космос,
И оставалась чуждой и немой
К словесной пелены значениям..

16 Июля 2019

Примечание:
Млечный путь - вселечащее белое молоко

Лишь первый импульс

Есть в памяти неясное влечение -
Печально от чего-то среди белых дней.
Как расширяется параболы значение
В людской толпе
Бегущих скоростей.

Всё отражается в мерцанье зазеркалий
Дающих,
Но лукаво уводящих дней;

И вдруг
Я в мире зыбком удвоений,
Чуждых идей,
Нечеловекомерных
И замыслов неведомых путей..

Лишь первый импульс -
Это всё, во что я верю.

Лишь первый импульс
Оживляет цель Любви моей!

Июнь 2020

Даль

*

Голубизной сияющая даль
Не принесёт душе простой печаль,
Но предвестит новой жизни рассвет,
Там, где прежних дорог уже нет.

*

Кристаллы снега на слезной щеке
Пробудят весть счастливую к тебе
О том, что не настигнет тела шаткость,
Когда теряешь Солнца в небе яркость.

*

Да будет новых дорог продвижение
В многогранностях все достижения;
И к свету обратив твои глаза,
В пути поверженным не будешь никогда!

16 Марта 2019

Бывает

Да, бывает и нам печально
Жить обманутым изначально,
Настигнутым в людской пустыне,
Где сердце твёрже камня стынет.
Что суд молвы?
Что приговоры?
Не верим мы в потупленные взоры,
Но устремляем взгляд свой прямо,
Устав от долгих бурь обмана.
В толпе пересекаются пути-
Мы ожидаем новые дожди!
Мы не позволим дням своей судьбы
Как уклоняющая тень
Сойти по нисходящей,
Но встав с утра
На крест животворящий,
Навстречу нового и радостного дня
Пойдём вперёд на яркую солярность бытия!

Февраль 2019

Обращение к Другу

Мой Друг!

О, как мечтаешь отрешиться Ты
От необузданности будничного дня
И дисгармонии людских свобод несовпадений,
Чтобы, восполнившись,
Войти в кристалл грядущего сюжета бытия.

Пустившись в Эльдорадо неизведанных мгновений,
Желал бы Ты ступить
В геометрических пространств соизмерение;
Туда, где отзовётся Солнце в изумлённо-синем небе
На зов шагов Твоих преображение,
И быстрый ритм сердцебиения в пылающей груди
Откроет новые поля.

Возможно, лишь тогда
В необратимо крайнем отдалении от тщетных целей
Зажжётся яростным свечением
Твоя сверхновая Звезда!

7 Мая 2019

Примечание:
Через кристалл сознания человек транслирует свой душевно-интеллектуальный потенциал сквозь систему своей человеческой формы на систему формы своего ближнего; таким образом, проэцируя эффект благотворного совлияния.
"Войти в кристалл грядущего сюжета бытия" - очистить кристалл своего сознания.

Мечта

О Боже,
Как мечтаю отрешиться я
От необузданности будничного дня
И дисгармонии людских свобод несовпадений,
Чтобы, восполнившись,
Войти в кристалл грядущего сюжета бытия.

Пустившись в Эльдорадо неизведанных мгновений,
Желала б я
Ступить в геометрических пространств соизмерение,
Туда, где отзовётся Солнце в изумлённо-синем небе
На зов шагов моих преображение,
И быстрый ритм сердцебиения в пылающей груди
Откроет новые поля;
Возможно, лишь тогда
В необратимо-крайнем отдалении от тщетных целей
Зажжётся яростным свечением
Моя сверхновая Звезда!

7 Мая 2019

Время

Время-Время!
Пульсирует в венах быстрей.
Время одномоментных решений
И сверхскоростей!
Мы осознали в трансцендентальном
Движении душ,
Движении тел
То, где мы были вчера и каков есть удел..

Да, это время - оно уже нас не ждёт,
Вольнолюбивой тройкой летит вперёд.
Словно снежная вьюга
Завьюжит и унесёт
В круговорот людских надежд,
Судеб живой круговорот..

Время,
Прошу тебя - чуть постой,
Я прикоснусь к тебе бегущею строкой:
"Останься с нами и не торопи!
Быстрее быстрого
Коней лихих не мчи
И не сжимай священный элемент
Столь всеобъемлющей для всех Любви!»

Февраль 2019

Человек сознания

Неопрометчивая сила
Гнобила долго и неотступно его нутро,
А сердце смелое
Жило в груди, стучало
И не стыло и звало!
Судьбы штрихов разрозненность
Собравши воедино,
Он двигал эту жизнь
Шагами упреждения своего;
И с самого рождения
Ему дано стремление было
Всего одно -
Идти путём христосознания,
Оттачивая чётко линий грани
Души бриллианта своего;
Так, в обречённостях спрессованных мгновений,
Когда ложились истомленно тени о его чело;
Познал он глубину падений, зло сомнений,
Причинный океан духовных бдений -
Всё равно!
Ведь в мире зыбких и обманных обольщений
Он шёл с улыбкой Солнца яркого светила
Прямо-заодно!

14 Марта 2019

Примечание:
Первичное название стиха - Человек Солнца

Система Любви

Возможно, есть на всё коды,
Но нет кодов систем Любви.
Не разгадать нам модуль сей -
Не предусмотрены на то ходы устройства абсолюта.
Загадочность божественных ея путей
Не разрешима для естественного люда..
Отформатированности не подвластна
Она жива всемерно и всечасно
Энергией луча сияющего блика.
Любовь,
Несущая божественный ресурс,
Ведёт нас за собою тихо
За бесконечностью миров особого потенциала
В живую вечность.
Не рассчитать программ её значений совершенства -
Она есть та, что не подвластна
Линейности систем времён
И суть само блаженство!

16 Апреля 2019

От твоей Любви к моей

Есть что-то от твоей любви к моей..

Как-будто цвет живой травы
В полях оттенком зеленей,
Краса ромашек на лугах сияет ярче и белей.
Как переливы Солнца золотых лучей
Падут с небес о шум берёзовых ветвей.

Есть что-то от твоей любви к моей..
В неуловимом оку очертании внеземных полей.

Быть может очарован неоглядный шум степей
Созвучием значений поднебесья..

Как будто бы дарует блик сияния лучей
Семантику вибраций новых дней.

Есть что-то от твоей любви к моей..

Как небо ясное, поверив в сбыточность надежды,
Вдруг цветом синевы своей избрало нежность;
И Солнце, что излило оземь
Радость целостную света
Неистощимо-бесконечной теплоты своей!

14 Мая 2019

Пять картин

Вот пять картин явились мне во сне:

Одна мне говорила о Тебе и о Любви,
Летящей стаей белых лебедей вдали.

На следующей казало оку Веру света
Сиянием луча небесного сонета.

Картина три - шедевр Надежды и Мечты
Сливающихся линий горизонта неба и земли;

А на четвёртой был сюжет Борьбы,
Где пламя закаляло сталь Поэта;

И пятая живописала неувядающее древо Жизни,
Что устремлялось кронами ветвей зелёных
К Солнцу радостного света.

Так содержание ярких красок сих
Предназначением неизменным наполняло
Безликое пространтво серой пустоты
И рифму праздную мятежного Поэта.

Апрель 2019

Цветку Розы

Слишком прекрасна для своей печали,
Цветёт, окутана в дыму неподступимой дали,
Прелестных лепестков трепещущий изгиб
Стан обвивает нежно.

В своём обличии безупречна
Не в состоянии слукавить,
Что любит безутешно..

Аромой райской сладости маня,
Великолепием пленила.
Чарует взор,
Вдыхая кротко, мгновений быстрых зыбкость
И укор красы неповторимой.

Зовёт пленительно она,
Воображая,
Страну беззвучно-синих гор,
Цветенья сказочный простор
И танец лепестков игривых рая..

29 Марта 2019

Морские мотивы

Море-Море,
Мы порою о тебе поём!
Море-Море,
За кормою где-то там живём.
В море есть дельфины,
В море есть медузы,
В море есть чудесные большие карапузы!

Мир морской - ты так безбрежен,
Улыбаешься нам нежно
И играешь волнами,
Чтоб дышали полно мы..

Вот сияют ярко блики,
Отражая Солнца лики
Берега морского,
Тихих кораблей;
Что идут плывут быстрей.
Иногда печальные
И такие дальные -
Вы любовь мою с собой везите
Строками очерченных полей..

16 Апреля 2019

Дождь

Отчего-отчего

Дождь стучит в моё окно?

Мелодичный звук капель

Открывает сердца дверь.

Оттого, что память может

Прокрутить судьбы кино.

Омывая дали - водные печали;

Файлы счастья запримётить,

Файлы горя - всё равно! -

Те стереть и не заметить

Каждому дано,

Чтоб пути-дороги метить

С ярким Солнцем заодно!

5 Марта 2019

Снежинки

Ах, эти зимние морозные метели-
Молитвы благодарственной капели!
Снежинки белые
За мною по ветру летели -
Хрустящей свежести белее белого снега
Ложились на мгновенья о моей печали
Крутые берега..
Казалось, что они о чём-то умолчали,
Когда на поле тихо повстречали,
С зимой холодной молча обвенчали
И закружили-завертели во вьюжном танце Февраля..

21 Февраля 2019

Казуальное дорожное

Я материализую реальность,
А реальность материализуется в я.
Заведённая днями машина
Инструментов чужих полна.

От парада и до парада
Продвигаются белые дни.
Столпы строятся у Петрограда,
Вычленяя свои меры.

Как другого счастья не надо,
Так не надо другой судьбы.
Есть у жизни одна отрада -
Познавать временные миры.

Июль 2021

Поэтессе

Ты Поэтесса -
Ничего не ждёшь..
Возможно, знаешь Ты, то как танцует дождь..
Он льётся, очищая зыбкие мечты,
Как об асфальт дробятся брызгами круги;
И в унисон надежды, красоты
И памяти о прежнем
Плеск облачных капель стучится нежно,
Звучанием крапинок «дин-дон»
И в виртуальности страстей
Уносится событий ярких звон;
Тот дождик, что стучится невпопад
Неугомонного сердцебиения лад,
Который столько лет подряд
Проводит чувственный обряд,
Спеша определить желание сердца
Той Женщины,
Чьё имя Поэтесса!

25 Марта 2019

Нет, не печаль осталась
мне, но повесть

Мне не оставить, не забыть
Мороз и полночь -
Луна с рекою говорит,
Сокрывшись в волнах.

Сверкает с окон блеск огней -
Какая жалость,
Души людская полутень
И тела слабость..

Нет, не печаль осталась мне -
Наказа повесть.
Сих дней осознанно-немых
Унывная суровость..

И замкнут круг дорог
Любви земной -
Небесной.

Не видно боле тех путей,
Что стали песней..

Январь 2020

Первое сподвижническое

Не говори, что нет реализации
И нет осуществления -
С рождения каждому дано
Идти путём преодоления.

Всевышний на пути сражения
Твой каждый шаг,
Что сделан был после падения
Вменит в Победу - это без сомнения!

Бывает так, что событийный ряд судьбы
Наполнен словно до предела -
Как-будто силы исчерпал
В движении души, движении тела..

Тогда..
Не думай, что когда-то
Возможная придёт расплата
За то, что приключилось позади.
Иди вперед, не уставая,
Навстречу Солнцу и судьбе
Ваяя новые пути, что предназначены Тебе!

Январь 2019

Второе сподвижническое

Стой в правде,
Такой, какова она есть.
Не знаешь - зачем ты и кто ты..
Стой в правде.
Зачем-то сегодня ты здесь
И вышел в поля на охоты.

Зачем-то зажглись о ночах фонари
И чайки промозгло кричали,
А волны качали печали Любви
И в чём-то Тебя прощали..

И Ты не остынешь на ратном пути,
Но ступишь в широкие дали
И не позабудешь о том, что Отцы
За хлеба насущность страдали.

Апрель 2021

Примечание:
Стоять в тотальной правде нет необходимости,
но частично нужно.

В фрактальностях тоже

*

Мы во всём
И в фрактальностях тоже.
Едины,
Но так не схожи.
Инертны,
Подчас тревожны..
*

Мы во всём
И надо признаться
Эта жизнь - череда фрустраций.
Но
Не дана для стенания,
А на поиски осознания.
*

Есть лишь время для совлияния -
Акселерации нарастания,
Неизвестной волны осязания,
Дальнодействия всепонимания..

Май 2020

Воля Время Облака

Листвы осенней ниспадающий покой
Ложился тихо о мою усталость -
Ах, если б день души своей земной
Продлить
Без отвлечения на жалость..

Так, не смущаясь яростной грозы,
Ступить желала б я на новую реальность.

Нет правильных моментов..
Есть поля,
Есть воля,
Время,
Облака
И правда, та, что под ногами;

Метамышления уникальность,
Дуальность опыта,
Творящего,
Даря,
Обратной связи неземную материальность..

11 Октября 2019

Под вальс цветов усталого Чайковского

Восторг души
Земной или небесной
Мне не озвучить в нотах мастерства -
Переложить желаю громко в песню я
Высокопарные сии слова:

Есть в жизни место для игры
На благость мира,
На исполнение роли торжества.
Под вальс цветов усталого Чайковского
Взликуют в упоении небеса!

Случится так - ты выйдешь из забвения
И всё повторяется вновь -
Ход времени,
Ход неоглядного времени
Рассудит
Твою Любовь!

Январь 2020

Стезя

Стезя, уводящая в вечное небо
С магнитного поля солярной Земли;
Центральное Солнце бескрайней вселенной
Свой свет отражает в горящей груди.

Как ночь разделяет немые рассветы,
Так тьма разлучает белесые дни -
Твоё совершенное действо эстета
Опишет волнение зовущей Любви.

Дорога, что соткана из фиолета,
Препядствий не даст на далёком пути.
Смежается с сферой вращение планеты -
Стремление своё в этот час обнови!

Ноябрь 2019

Расскажи

Не остыть и не ответить и не отдохнуть..

Мне ли песни не приметить,

Что ложится снегом в грудь?..

Твёрдый мир диктует судьбы,

Разлучая миражи.

Память прошлое разбудит -

Только сказ перескажи.

Расскажи о том, что будет

И о том как есть,

Волшебстве, что не рассудит

Неопознанную весть;

Об элегии души, логике частей,

О динамике контекстов

В рубежах былых страстей..

29 Декабря 2019

Божеству

Как невозможно жить любя
Так умирать любя возможно -
Ты моя летняя гроза
С небес сошедшая,
Стемглав -
Падя неосторожно..

Вернувшись с точки невозврата,
Не оставляя божества,
Сдержав свободное движение,
Пройдя сквозь шум
Капель дождя.

Желала б я взгянуть в глаза,
Чтоб разузнать стремлений чувства,
Волшебных слов зовущее искусство,
Явлений вдохновленных мастерства..

25 Декабря 2019

A la guerre comme a la guerre!

"Oui, a la guerre comme a la guerre!"-
Признал певец оземных летосфер.
Нет битвы звёзд,
Но есть своя война,
Та, что в движении быстроностном бдения
Бывает невзначай отражена
В звучании запредельном песнопения
О той далёкой снежной стороне,
Что пробуждает в сердце воскрешение.

В влечении несравненной красоты,
В потоке неоглядном увлечения
Проистекают строфы Солнечного дня
Не останавливай, мой Друг, ещё меня -
Прекрасна песнь,
Желанно пробуждение..

Октябрь 2019

По тонкой ветви

Шагать по тверди,
Смотря на Солнце,
На встречу ветру
Идти,
Играя,
Всевозрастая,
По тонкой ветви
И величины соизмеряя
С осью вращения Земля планеты.

Как преломляя
Красу вселенной
В стихах звучания,
Даря куплеты

И цель кометы
Возобновляя,
Чтобы фатально,
Облекшись в пепел,
Молниеносно
Восстать в рассветы!

Октябрь 2019

Город Солнца

То город Солнца был воздвигнут на горе,
И, обозначив мироздания грани,
День ото дня светил огнями ярких окон,
Отражая в утренней заре
Сияние высотно-разноцветных зданий.

В потоке быстром прозаичных дней
И в оживлённом шуме улиц макромира
Жил жизнью и мелодией сердец
Своих людей,
Дыханием мимолётного зефира.

Порой он был обьят мятежными ветрами,
Но стены нерушимой крепостью своей
Его благую бытность неизменно охраняли.

Миряне праздничной толпой
Там вести света собирали;
И громко пели песни радости земной,
Не ведая уныния и печали!

4 Октября 2019

Без страха утраты

Постичь невозможно,
Но можно идти
Теряя,
Разъединяя свой ум
И тело соединяя..

С сиянием рассвета играя
И тьмою заката,
На новые точки отчёта вставая
Без страха утраты;

И память перерождая
Как зоны ослепших надежд,
Душевностью озаряя
Усталость несомкнутых вежд.

Задействуя импульс полнейшего преображения
Для активизации модуля осуществления -
Телесной материи цельное единение,
Не ведая точно конечного замысла достижения..

29 Августа 2019

Опалённость зноем пройденных дорог

Есть опалённость зноем пройденных дорог
И есть цена,
Однако..
Не верь, мой Друг, в холодные покровы льда -
За снежным айсбергом сокрыта глубина
Причин и следствий неизбежных полумрака -
Обречена на данный код душа
Эмоцией событий быстротечных..

Как одинокая безликость тротуаров
И босоногость беззаботливого детства,
Так Опыт Неба составляет неизвестные поля
Земных и внеземных последствий.

Ступи в бессрочный резонанс Любви
И пламя долго не остынет -
Не дрогнет твёрдая рука,
И вертикаль земных полей
Сияния звездного достигнет!

Июнь 2019

Примечание:
Опыт Жизни становится Опытом Неба через процесс опыта
прохождения Человеком его курса пути.

Опыт Неба - это поэтически-образная метафора,
подразумевающая высшее исчисление опыта прохождения
человеком его жизненного пути на Земле.

Любовь - Люди Бога Ведают.

Стих-аллегория «Ты моё Солнце»

Ты моё Солнце -
Я твоя пустыня.
Так, опали меня сияньем бело-синим!

Где подпаду под импульс излучений
Сверхскоростных неоновых частот,
На восполнение неизбежных обнулений
Своих ещё непознанных широт.

Когда я стану территорией твоей любви,
То воссияет тысячный рассвет
Над горизонтом неисчетных лет.
О, моё Солнце!
Так радиацией своих блистаний соизмеримо ты
Лишь с песнею любви дороги дальней!
Непревзойдённое,
На фоне неба
Которое провозгласило, что сбываются мечты,
Когда любовь избрало цветом синевы.

Мой друг случайный,
Возможно, где-то в прошлом были я и ты;
Но не теперь -
Энергетический каркас былых преданий
Переломляется на светоносные поля
Грядущих ожиданий,
Зовущих нас с собой,
Необусловленных исканий
И счастливых лет!

23 Июня 2019

Сияйте перлами, Друзья!

Нет, не впущу в систему духа и души
Отжившее дыхание серой мглы
И отпущу ходы ущербно-косного сознания.
Не задержав в душе печаль,
Откину с клавиш эвуаль -
Настрою чувства на крылатый звук создания.

Сияйте перлами, Друзья!
Лишь через тернии
Простираются пути земные к звёздам.

Талант - избыточность души
Не будет растленённым никогда,
Разбившись об отчаянные грозы.

Пусть не затмит сияния очей
Глумящаяся серость будних дней,
Но оживит диапазоном ярким вернисажа
Без устали зовущих вдаль,
Пылающих огней неудержимого вояжа!

16 Июнь 2019

Ещё одно непознанное лето

Вот и остыли в синем небе облака
От пасмурных и ветреных разлук.
Шумела кронами живых дерев
Зелёная листва,
Сплетая с терпкою судьбой
Отчаянье усталых рук.
Как неизбежного удела теснота
Их связывала невзначай и вдруг
В столь неминуемом с судьбой хитросплетении..

Был слышен шелест грандиозных тополей
В пределах тёмных и холодных полумрака.
Он отражал свечение ярко-жёлтых фонарей -
Обыденной ночи привычная услада.

Ещё одно непознанное лето
В дверь дома моего стучало неприметно,
И словно свежестью играющего ветра
Вещало новые значения полей;
Как-будто бы плывущих по волнам
В безбрежно-синем океане
Больших и небывалых кораблей;

Как ноты певческих куплетов
Играли громогласно где-то
И звали за собою вдаль
Всё звонче
Всё слышней..

14 Июнь 2019

Энигма

Словно лёд в пустыне жаркой
Сердца знойное томленье,
Так влекла меня энигма
Безотрывного движенья;
И пространств отображенье
В собирании мира
Суть загадочного действа,
Что непостижима.
Памяти преображенье
Мне на миг казало птицы вольное паренье
В небе жёлто-алом.
Уловило восприятие красок ярких горизонтов,
Тех искомых междумирий
Внеземных полётов.
Звуковые переливы голосов и песнопений,
Уносящих за пределы плоскостных мгновений.
Как-бы хочешь, не желая,
Жить в объятьях сноведений,
Неоглядно уводящих
За движением силуэта
В атмосферы тех пространств,
Где меня сегодня нету..

7 Марта 2019

Она

Где-то в двенадцать ночи
Часы в который раз пробили полночь,
И осветились тускло переулки
Неоном обожжённых фонарей.

Она стояла у крыла фигурой обесточенной,
Её стремления простирались чётко
Через вещественность земных полей.
Порой казалось безупречным исполнение
Её всечастно подлинной игры.
Не упуская временных значений,
Как будущие так и прошлые метели
Она удерживала неотрывно и в движении
Поныне неизвестых виражей.

Как-будто бы из тьмы выхватывали ярко свечи
Стагнацию её рутинных дней.

Желая быть судьбы своей сильней,
Она одолевала натиск зла смертей
И поднимала, взяв её с собой,
Чтоб оставалась та всегда живой.

Словно лиловый гнёт насыщенных небес
Вздымался где-то над крутой волной,
И плакал серый дождь Земли
Дробясь о летосферы..

В тот час, как низошла в неотвратимости своей судьба
И опустилась о её неиствые плечи,
То тело времени само накрыло
Всех пережитков пагубных увечья!..

Июль 2019

Мегаполис

Ступить в мегаполис
Обожжённого неба,
Где млечного счастья укромная нега,
Где ветер коснётся унывного брега
Волны золотых волос.
Не зная
Зачем я
Или откуда;
Где нет искушений манящих повсюду,
Огней неоновое свечение
И
Ожидания вопрос:
Жизнь выстраивает мгновения -
Земной телесности рост.

Январь 2021

Чувства-Боги

Наэлектризованность мыслей

Распылится о сырость дождей.

Чувства-Боги спадают с высей,

Освещая янтарь хрусталей;

А во мне зашифрованы речи

Штрих-кодами промозглой судьбы;

Расправляя усталые плечи,

Оставляю слепые мечты.

Сквозь оборванное молчание,

Отдаляясь,

Уходишь

И ты!..

Октябрь 2020

Фантазийное

Корабли у гавани
Отходили в плавание,
Покидая сияние огней.
Ну, а чайки бледные
Вслед кричали,
Бедные,
Разменяв по пятнадцать рублей..

Я живу у пристани,
Стихотворя искренне,
Отвечая друзьям
Невпопад..

Соизмерясь с вечностью,
Стану я сердечностью
Отдалять
Всю угрюмость преград;

И однажды,
На Марсе,
Нечаянно,
Усмотрю голубиный закат..

Сентябрь 2020

Верим любя

Строгость слога
Коснулась значений меня.
Обозначила день,
Возвышая поля.

Я меняла игру, обжигая края.
Новый ветер азарта взмывал паруса.
Слёзы лились, но таяли в встречном ветру.
Подойду ко лицу -
От лица отойду.

Так накину пальто,
За плечами рассвет.
Где была я вчера,
Там меня теперь нет...

Всё проходит.
Я знаю - я знаю, Ты ждёшь.
Всё проходит
И плачет надеждами дождь.
Всё проходит -
Не тленна лишь наша Стезя.
Всё проходит,
Но помним и верим,
Любя.

Август 2021

Для самодостаточности дня

Коды утрированны -
Солнце раздвигает облака,
Без оправданий слов
Приходит мысль прозорлива и азбучно легка.

Коды утрированны -
Лишь надежда поднимает паруса.

Слова невыветренны
И всечасно устремляют скорость света дня.

Никчемность не пугает -
Та испугана сама,
На палубе моей ладони снегом тает
И в вечность убывает долей вещества.

В динамике движения дня
Я наблюдаю поколений массовость структуры -
Прикосновение яви,
Социальность хода бытия.

Август 2021

Примечание:
Слово "коды" употреблено в контексте с ссылкой на систему нумерологии Пифагора.

Люди движутся в страны

Люди движутся в страны
Страны движутся в судьбы.
Жизнь заживляет раны -
Звёзды не обессудьте!

Птицы взмывают в небыль,
В мерах вселенских одна.
Во оправдание Неба
Солнце всему глава!

Я направляю око,
Слог зараждает песнь.
Сердцем не одинока -
Аз светоностность есмь!

Август 2021

А для чего..

А для чего есть сила жизни?

А для чего есть слабость?..

А для чего завьюжит ветром

Сорванных листьев шалость?

Мне опоздать бы на первую встречу

Только на самую малость.

Опередив с лихвою вечность,

Разбередить усталость.

Мне бы напиться сытно и вдоволь

Свежей воды с колодца,

Чтобы набрать в свои ладони

Зайцев игривое Солнце!

Ноябрь 2020

Если

Если тебя туда-сюда кидает,
Ходи-броди..
Отдай другим куски печали,
Чтоб вороны в пустой далине
Громко прокричали..
Потом ты встретишь и поймёшь,
Что так бывает:
Скудно на уровне груди,
И до глухой тоски
Так коротко у головы.. -
Не просто ты программный модуль,
Но Человек
Живого сердца
И обитаемой души!

21 Февраля 2019

Другое Солнце

Да, возможно, что это уже
Другое Солнце,
Время,
Небо,
Другая Земля..
Где-то есть законы-уставы-стандарты,
Но не для Тебя.
Нам не нужны приставы-границы-форматы
Соц. бытия;
Но нужны нам новые лица-
Прямые сердца.
Мы не желаем опаздывать вновь и вновь,
За горизонтом сияет и ждёт Любовь.
Провозглашаю, Друзья мои, в этой связи
Закон вселенской гармонии, мира и красоты!

5 Марта 2019

Я угою

Я угою, Друзья, я угою
В страну неутомимую героев

От ненастья общественной власти
И отчаянья Екклесиаста;
На активный модуль грядущего
И никчемности предыдущего.

На энергию новой земли,
Что зовёт меня здесь из тиши
В ту страну заунывную, дальнюю,
На хрустящих снегов одеяние.

Безнадежная там окунусь
В её безудержных просторов грусть;

Туда, где снежность белая полей
Не даст сомкнуть пленительных очей.
Зовёт давно, меня с собой маня,
Её сырая бурая земля.

Да наполнится светом Твоим заря!

Страна моя, Ты та, кому желаю я без бед
Неопрометчиво благословенных тысяч лет!

23 Марта 2019

Примечание:
Слово «угоить» - неологизм

Siderae

О, Siderae-Siderae!
Любовь твоя границ не знает,
Звучание муз не умолкает
В блаженстве утренней зари.

О, Siderae-Siderae!
Лишь загадай о том, что будет;
А то, что было излучи.

Во мне ли жизнь,
Во мне ли страны,
Во мне ли моря ураганы
И счастья мета-океаны?..
Поведай сказ -
Не умолчи!

Январь 2021

Примечание:
Siderae(лат.) - небеса; звёзды

Южный город

*

Южный город - он в венах играл,
Южный город мне песней звучал.
Тихим немногословьем закатов
На порывы души отвечал.

*

Южный город,
Останусь с тобой..
Как не хочется быть одиной,
Но взыграть золотою струной!

*

Слыша мыслей далёкие лет,
Я скажу:
"Одиночества нет -
Только к счастью забытый билет.
Там, где мы -
Там и будет свет."

*

Поэтичная песнь вновь зовёт -
Из небес происходит полёт.
Время мчит облаков пелену.
Без чего ж ещё жить не могу?..

Октябрь 2020

Возрождённая Любовь

Любовь жила
И пели струны
Звучанием гитары семиструнной.
Любовь ушла -
Оборванные выпирают с грифа струны,
Обьяла тишина..
Лишь ей оглушена
В людской пустыне
Стою одна.
Вот сердце стынет..
Но постой!
Не всё потеряно -
Где ты, о, яркий мой герой?.
Ты не поддашься этому развалу!
Не верю я в отсутствие Любви
И не накликаю непрошенной беды,
Но обращу тот тлен в живую плоть -
Деяние чудной поднебесной красоты.
Ей имя -
Возрождённая Любовь!

16 Февраля 2019

К Музе

О, Муза!
Ты - есть воздвигнутая цитадель
На перепутьях диаметрала.
К тебе одной с мечтой своей сегодня я воззвала!

"Животворящая, немеркнущая сила -
Есть Красота, что неопровержима».

О чём бы Ты меня не попросила,
Исполню я желания твои.
Есть в мудрости живая сила,
Есть в голосе Твоём звучание Любви.
Стремлением искренним исполнившись,
Пребуду я с Тобою,
Диапазон души с Твоим аккордом сонастрою.
В час тишины,
Когда наполнишь светом мысль мою,
То, вдохновленная,
Суть божества, словно завесу приоткрою;
Стиха несложный слог,
Жизнелюбивый
Для всех людей,
Неугомонно подлинных друзей
Я адресую..

15 Февраля 2019

Фигуристке

Блистала Дива, небо рассекая,
Кружа неудержимо на холодном льду.
Она была столь юна-молодая
Стремглав вовлечена в свою борьбу.

Так грациозен был её полёт
Под звук струны поющего Вивальди.
Рукой бросала волю о коньки,
Роняя звезды дерзко об асфальты!..

Наполнен облик был таинственной игрой
И звал с собою в сказанную дальность.
Он уводил с игривой новизной
В далёкую незримую реальность..

14 Март 2020

Красота

Есть в мире Афродита-красота -
Она в двух лицах:
Та, что рассвет и цвет-жарптица;
Что радость светлую даря,
Улыбку счастья вызывает.

Ну, а вторая - та убийца.
Она до слёз тебя пронзает
И болью сердце преломляет,
Глаз до рассвета не смыкает.

То роковая Красота-девица..

Великолепие - любимо.
Так пусть живёт неоспоримо,
Лишь радуя сердца!

27 Февраля 2019

Весна

О чём поведала весна
В предтечии желанном лета,
Когда в сады цветущей красоты
Была ликующе одета?
Она поведала о Солнце света
И обратила голос мой к нему:

"О, Солнце ярое,
Как много любишь ты!
Прими мою судьбу
И новую пиши.
Зажги огонь мечты так ярко,
Чтобы душа пылала жарко.
Чтобы встречались новые рассветы,
Где нету темноты, но много света."

Так, продолжая путь стези земной,
Была повенчана с ещё одной весной;

И свежей радости капель
Звучала где-то далеко,
Словно души поющая свирель -
Знак беспечалья моего;

И вновь внимая
Столь сладостно звучащим
Поющих трелей переливам;
Как-бы не зная ничего,
Я шла отрывисто-игриво..
Навстречу вторящего ветра одного,
Из заточения вета тела своего
На пробуждение сути света.

9 Марта 2019

Душа-певица

Эхх!..
Душа моя певица,
Где же ты живёшь?
Ты живёшь там, где станица,
И где злата рожь.
А быть может там, где рощи,
В шелесте листвы?
Где березовые почки
И в полях цветы?

Не дано нам знать с рожденья
И наверняка
Жизней прожитых мгновенья -
Талые снега..

А пока
Слагаю песню
Днями на пролёт,
И хочу я с нею вместе
Совершить полёт.
Будут птицы над волною
Щебетать к тебе
Скажет небо неземную
Сказку о тебе.

Ноябрь 2013

И всё же

Я не Поэт, Друзья мои,
И всё же..
Слова спускаются и падают
О землю, о чужих прохожих..
Иду я молча, и неуловимо, не спеша,
Тихо слагая рифмы - Белые слова.

Я соберу в ладонь капель небесного дождя,
Целительный нектар прольётся о души края;
И как-бы снизойдёт ко мне, не скрою,
Своею поэтической красою -
Звучание слов ритмичная игра
В сегменте прозаического бытия.

Благоденствием ли чудодейственным,
Песней ль новою в унисон
Или правым аккордом звон?..
Словно новая точка опоры
Ты идёшь ко мне снова и снова,
Воли Русской Великое Слово!

Февраль 2019

About the Author

A brief narrative of my inspired journey:

The author started her creative path in poetry in August 2019, when she got published for the first time in the Latvian publishing community "Neorifma". In 2021 she took part in a number of different Russian editions like Modern Poetry Collection (Volumes 12 and 13), Literature Almanac "Classics of the Genre", American Almanac of Russian Literature "Dovlatoff" and others. She graduated from the Kazakh State University of World Languages with a degree in translator-referent of the English language, improved her qualifications at Lewisham College. She obtained City and Guilds Level 2 Certificate in English; worked in administrative positions in a number of companies. /

Краткое описание моего творческого пути:

Путь автора книги в поэзии начался в Августе 2019, когда Айжан впервые опубликовалась в латвийском издательском сообществе «Неорифма». В 2021 году её произведения вошли в ряд таких русскоязычных изданий как Modern Poetry (Том 12 и 13), литературный альманах «Классика жанра», Американский альманах русской литературы "Dovlatoff" и других. Она закончила Университет Мировых Языков по специальности переводчик-референт английского языка, а также повышала квалификацию в Колледже Люишама. Имеет сертификат City and Guilds второго уровня по изучению английского языка. В прошлом работала на административных должностях в ряде компаний.

Svet Aza is a poetic name of the author's personage – the one who conveys via source of light. The name, which was chosen not by the virtue of zealous sound, so as to define the nature of her creative functionality. /

Свет Аза — поэтическое имя персонажа автора книги — транслирующая от истоков света или проявляющая себя в свете слова . Имя выбрано автором книги не для притязательности звучания, но для определения сути творческого функционала.
Аз — первая буква древнерусского алфавита.

The full formal name of the author is *Aizhan Sakenkizi Muhamedzhanova* /

Полное имя автора книги: **Айжан Сакеновна Мухамеджанова.**

Printed in the United States
by Baker & Taylor Publisher Services